AF175204

Impressum
Verlag: BABADADA GmbH, Nedderfeld 112 , 22529 Hamburg
Geschäftsführer / Verlagsleitung: Harald Hof
Druck: Books on Demand GmbH, In de Tarpen 42, 22848 Norderstedt

Imprint
Publisher: BABADADA GmbH, Nedderfeld 112 , 22529 Hamburg, Germany
Managing Director / Publishing direction: Harald Hof
Print: Books on Demand GmbH, In de Tarpen 42, 22848 Norderstedt

kugawanya
پارکرن

186/2

ubao
تەختە

sajili
سەپ

eneo la shule
ھەوشا دبستانی

mwalimu
مامۆستە

kuandika
نۆیساندن

karatasi
کاخز

kalamu
پۆرنۆیسک

dawati
ماسە

kuandika
نۆیساندن

rula
راستەک

kitabu
پەرتووک

mwanafunzi
خوەندەکار

mkoba

چەوال

kikasha cha penseli

قووتی نۆیستوک

penseli

قەلەمرساس

kichonga penseli

نۆیستوک تووژکر

mpira

ژئبر

pedi ya kuchora

نۆیسکا نیگاری

uchoraji

نیگار

brashi ya rangi

فرچیا رەنگێ

sanduku la rangi

قووتی رەنگ

mkasi

مەقەس

gundi

لەزاق

daftari

پەرتووکا فێربوون

kazi ya nyumbani

وەزیفا مالێ

nambari

هەژمار

jumlisha

زێدەکرن

ondoa

دەرخستن

zidisha

زێدەکرن

kokotoa

هەسباندن

barua

تیپ

alfabeti

ئالفابە

neno

پەیڤ

maandishi

نۈیسیئ

kusoma

خواندن

chaki

گەچ

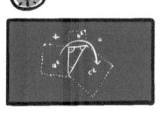

somo

دەرس

sajili

قەیدكرن

uchunguzi

نیمتیهان

cheti

شەھادە

sare za shule

كنجا دبستانیئ

elimu

پەروەردەھیی

elezo

زانستنامه

chuo kikuu

زانینگە

darubini

میكرۆسكووپ

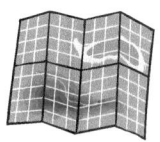

ramani

خەریتە

kikapu cha kuweka karatasi chafu

سەبەتا كاخەزیئ

hoteli
مێرمانخانه

hosteli
مێوانخانه

ROOMS

ofisi ya ubadilishanaji
ئۆفیسی پهره قهگۆهارتنی

sanduku
جمنته

gari
ماشێن

lugha

زمان

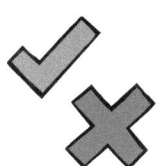

ndiyo / la

بهڵێ / نا

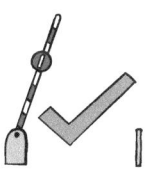

sawa

باش

hujambo

سڵاڤ

mtafsiri

وهرگێڕا نڤێسکی

Asante

سپاس

kiasi gani ni ...?

بهايێ ... چ قاسه؟

Sielewi

ئەز فام ناكم

tatizo

ئاریشه

Jioni njema!

ئێڤار باش!

Habari za asubuhi!

سپێدى باش!

Usiku mwema!

شەڤ باش!

kwa heri

خاترێ تە

mwelekeo

ئالى

mizigo

هوورموور

mfuko

چەنتە

shanta

چەنتە پشت

mgeni

مێڤان

chumba

ئۆده

begi la kulalia

جامە خەو

hema

چادر

taarifa ya utalii

ناگاگیین گمرۇکان

ufuo

رمخى ناقى

kadi

كارتى قەرزى

kifunguakinywa

تاشتى

chakula cha mchana

فراقىن

chakula cha jioni

شىف

tiketi

كارت

kuinua

ناسانسۇر

muhuri

پوول

mpaka

تخووب

mila

گۇمرك

ubalozi

بالىيوزخانه

visa

فىزا

pasipoti

پاسايۇرت

ndege
فرۆكه

meli
گەمى

injini ya moto
ئەرەبه ناگرگىرووژ

basi
ئوتوبووس

lori
كامیۆن

motaboti
پاپۆرا ماتۆرئ

gari
ماشین

baiskeli
دوچەرخه

feri

پاپۆر

mashua

پاپۆر

pikipiki

مۆتۆرسیبكلیت

gari la polisi

ترمبیلا پۆلیسى

gari la mashindano

ترمبیلا پێشبازیى

gari la kukodisha

ئەرەبه كرىكرنئ

kushiriki gari

ماشین پەرڤەمكرن

lori la kuvuta

كامیۆنا كشاندنێ

ukusanyaji taka

كامیۆنا خولى

motor

مۆتۆرسیكلێت

mafuta

مازۆت

kituo cha mafuta

بێنزینێ بمزگەھا نیستەگ

ishara trafiki

تابلۆیا ترافیكێ

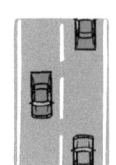

trafiki

ھاتنووچوون

msongamano

ترافیك

maegesho

جهێ پاركێ

kituo cha treni

راوەستەگا ترێنێ

reli

رێچ

garimoshi

ترێنێ

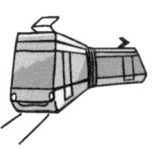

tremu

ترێنێ كۆلانێ

gari la mizigo

نەردبه

helikopta

بالابرۆک

uwanja wa ndege

بالافرگمه

mnara

برج

abiria

مسافر

chombo

قووتی

katoni

قووتی

mkokoteni

گرگرۆک

kikapu

سەلک

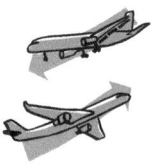

ondoka

رابوون / نیشتن

jiji

باژار

kijiji

گوند

katikati ya jiji

ناوەندا باژارئ

nyumba

خانی

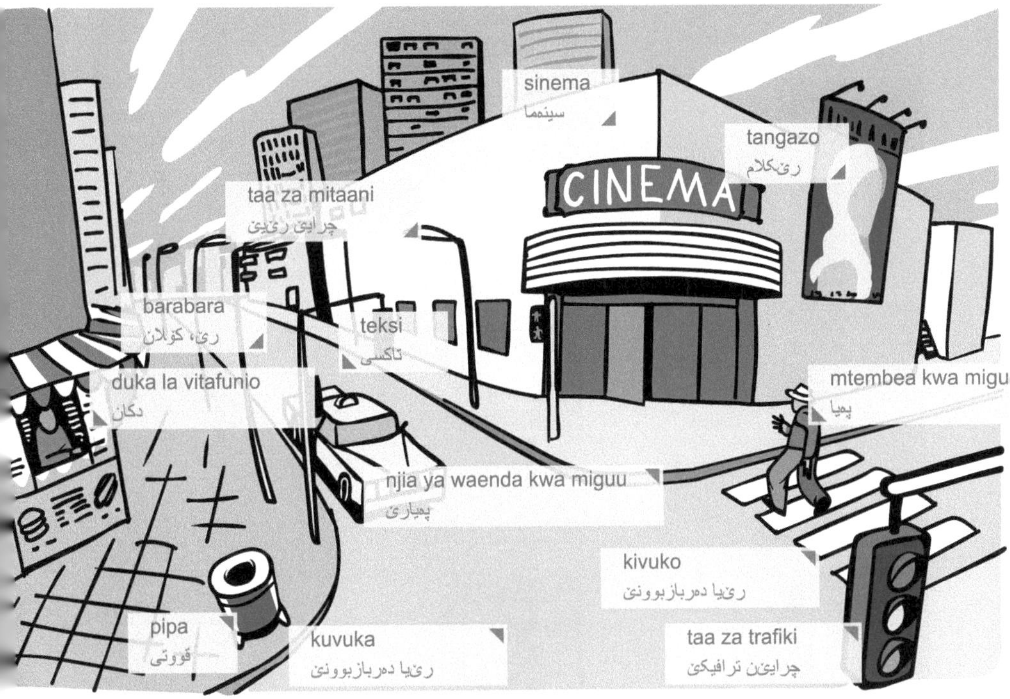
sinema
سینەما
tangazo
ڕێکلام
taa za mitaani
چرایی ڕێیی
barabara
ڕێ، کۆلان
teksi
تاکسی
duka la vitafunio
دکان
mtembea kwa migu
پەیا
njia ya waenda kwa miguu
پەیارێ
kivuko
ڕێیا دەربازبوونێ
pipa
قووتی
kuvuka
ڕێیا دەربازبوونێ
taa za trafiki
چرایێن ترافیکێ

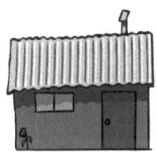

kibanda

کۆخ

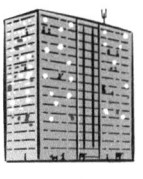

gorofa

خانی

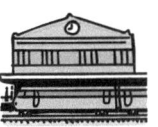

kituo cha treni

راوەستگەها ترێنێ

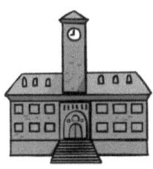

ukumbi wa mji

تەلارا شارەڤانی

MUSEUM

Makavazi

مووزەخانە

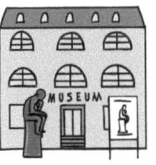

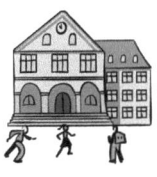

shule

دبستان

chuo kikuu

زانینگه

benki

بانک

hospitali

نەخوشخانه

hoteli

مێقانخانه

duka la dawa

دەرمانخانه

ofisi

ئۆفیس

duka la kitabu

کتێبفرۆشی

duka

دکان

duka la maua

گولفرۆش

dukakuu

بازار

soko

بازار

idara ya kuhifadhi

سوپەرمارکەت

mwuza samaki

ماسیفرۆش

kituo cha ununuzi

ناقەندا کرین

bandari

بەندەر

Hifadhi

پارک

benki

سمکوو

daraja

پر

vidato

ددرنجه

chini ya ardhi

ژێر ئەردی

handaki

تووننل

kituo cha mabasi

ئیستگەها ئۆتۆبووس

bar

بار

mgahawa

خوارنگەه

sanduku la posta

سندووقا پۆستئ

ishara ya barabara

نیشاندەرکا رێیئ

mita ya maegesho

مەترا پارکینگئ

bustani ya wanyama

باخچا هەیوانان

kidimbwi cha kuogelea

هەوزا مەلەۆانی

msikiti

مزگەفت

shamba

جۆتگەھ

uchafuzi

لەوتاندنا دەردۆر

makaburini

گۆرستان

kanisa

كەنيسە

uwanja wa michezo

ئەردى لەيستنێ

hekalu

پەرستگەھ

mazingira

تەبيعت

jani

گەلا

ishara ya mwelekeo

نيشاندەركا رێ

njia

رێ

malisho

مێرگ

jiwe

كەڤر

mtembeaji wa masafa

گەرزك

mti

دار

mto

چەم

nyasi

گيا

ua

كولیلک

bonde

دۆل

kilima

گر

ziwa

گۆل

msitu

دارستان

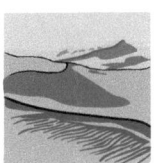

jangwa

بیابان

volkano

قۆلکان

ngome

کەلەه

upinde wa mvua

کەسکەسۆر

uyoga

کۆارک

mtende

دارقەسپ

mbu

مخمخک

kuruka

مێش

chungu

مێردی

nyuki

هەنگ

buibui

پیرێ

mende

كيزك

chura

بەق

kuchakuro

سىوور

nungunungu

ژیژۆک

sungura

كەرگوه

bundi

پەپووک

ndege

چۆلیک

swan

قوو

nguruwe mwitu

بەرازی کۆڵی

kulungu

پەزکۆڵی

aina ya kongoni

پەزکۆڵی

bwawa

بەندئاو

tabo ya upepo

توربینا با

nishaji ya jua

پانەلا خۆری

hali ya hewa

ناو و هەوا

mgahawa

خوارنگەه

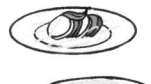

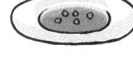

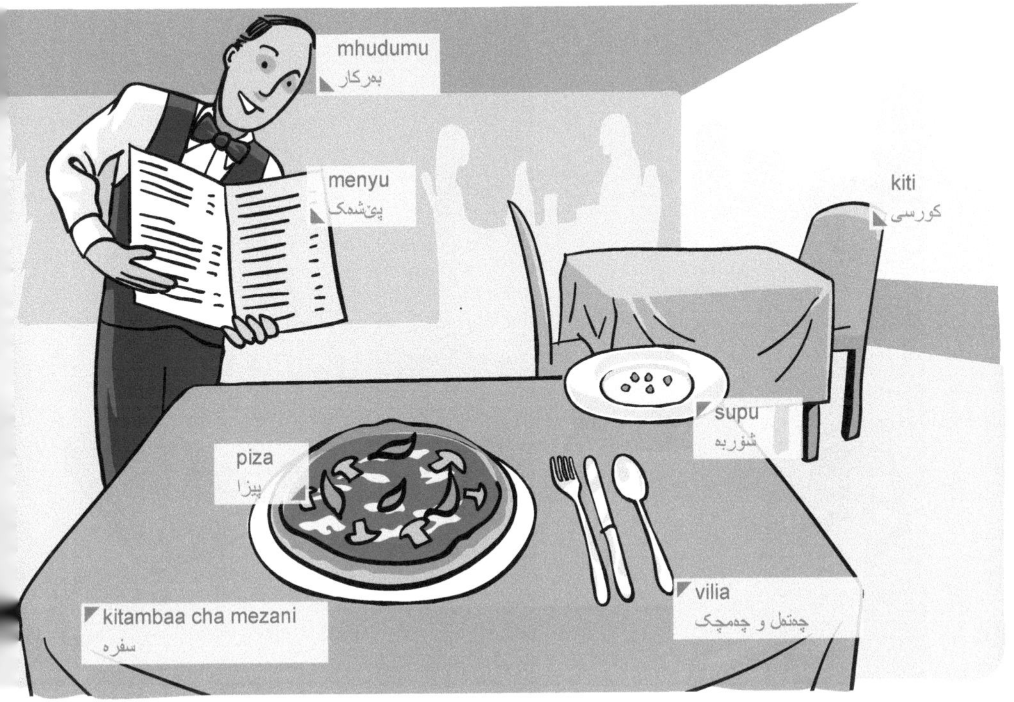

mhudumu
بەرکار
menyu
پێشەک
kiti
کورسی
supu
شۆربە
piza
پیزا
vilia
چەتەل و چەمچک
kitambaa cha mezani
سفرە

kiamsha hamu

خوارنا دەستپێک

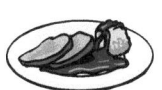

kozi kuu

خوارنا سەرەکی

kitindamlo

شیرانی

vinywaji

ڤەخوارنان

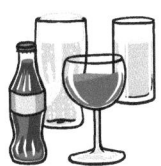

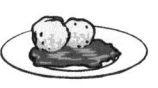

chakula

خوارن

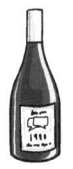

chupa

جام

chakula cha haraka

خوارنا لهز

Streetfood

خوارنا رێیی

buli

چایدانک

kisanduku cha sukari

قووتی شهکرئ

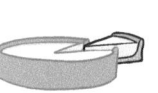

sehemu

بهش

mashine ya espresso

ممکینا چێکرنێ ئهسپرهسۆ

kiti kirefu

کورسیا بلیند

muswada

ههساب

trei

سێنی

kisu

کێر

uma

چهتهل

kijiko

کهفچی

kijiko cha chai

کهفچیا چای

nepi

پێشگر

glasi

قهدهمه

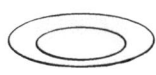

sahani

تەیفک

sahani ya supu

تەیفکا شۆربە

sufuria

پیالە

mchuzi

چینج

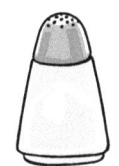

kichanyaji chumvi

خوئدانک

kinu cha pilipili

قوونی بیبار

siki

سێک

mafuta

روون

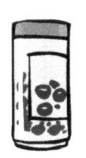

viungo

بهارات

kechapu

کەتچاپ

haradali

موستارد

kachumbari nzito

مایۆنێز

dukakuu

بازار

ofa maalum
پێشکێشێن تایبەت
mteja
مشتەری
maziwa
شیرەمەنی
toroli
ئەرەبە
matunda
فێکی
FOR

BUTCHERS

mchinjaji

قەسابی

BAKERY

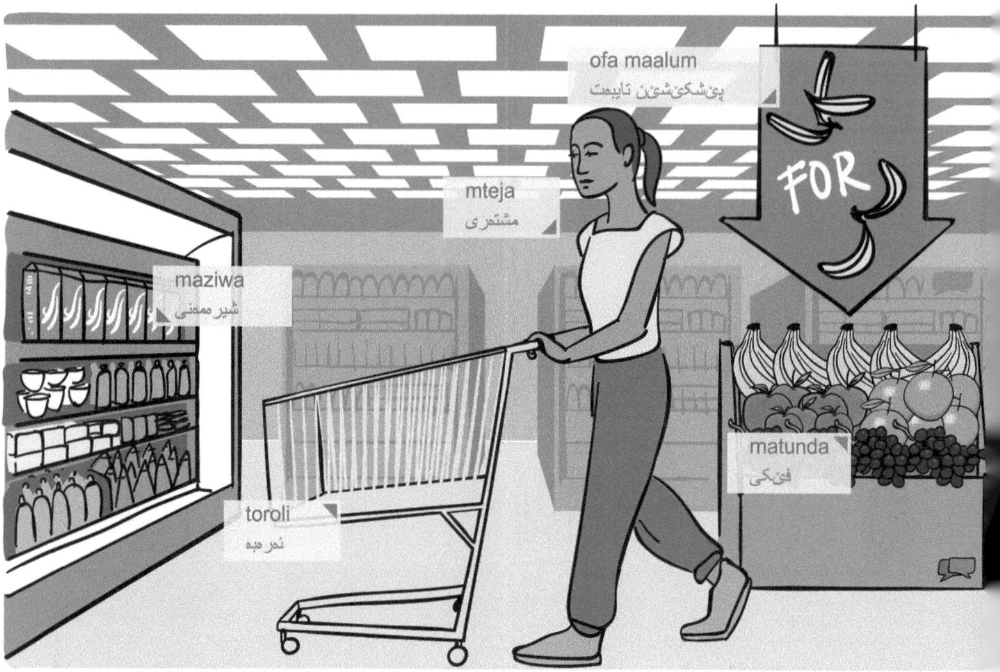

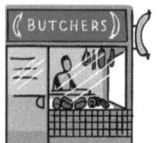

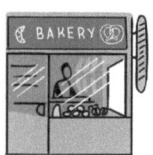

mwokaji

دکانا نانپێژ

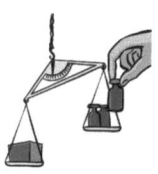

uzito

وەزن کرن

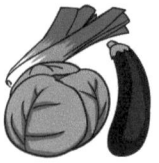

mboga

سەبزە

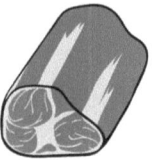

nyama

گۆشت

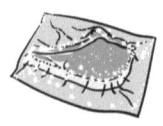

chakula waliohifadhiwa

خوارنێ جەمەدی

pande vya nyama baridi

گۆشتئ سار

chakula cha kopo

خوارنا پیلئ

sabuni ya unga

خوباری پاقژکردنئ

pipi

شرینی

bidhaa za kaya

بەرهەمئن ناڤخودیی

bidhaa za kusafisha

بەرهەمئن پاقژکردنئ

mtu mauzo

فرۆشیار

mpaka

خەزنۆک

keshia

درافگر

orodha ya manunuzi

لیستا کڕینئ

masaa ya ufunguzi

دەمئن ڤەکری

mkoba

جزدان

kadi

کارتئ قەرزئ

mfuko

چنوال

mfuko wa plastiki

چەنته

maji

ناق

sharubati

شەربەت

maziwa

شیر

coke

كۆمر

mvinyo

شەراب

bia

بیرا

pombe

ئالكۆل

kakao

كاكۆ

chai

چای

kahawa

قەهوه

spreso

ئەسپیرەسسۆ

kapuchino

كاپۆچینۆ

ndizi

موز

tufaha

سێف

machungwa

پرتقالى

tikiti

گوندۆر

lemon

ليمۆن

karoti

گێزەر

kitunguu saumu

سير

mianzi

قامر

kitunguu

پياز

uyoga

قارچک

karanga

گوێز

nudo

شهيره

spageti

سپاگێتتى

mpunga

برنج

saladi

سەلمتە

vibanzi

چیپس

viazi vya kukaanga

پەتەتەيا براشتى

piza

پیزا

hambaga

هامبورگەر

sandwichi

نانۆک

kipande

گۆشتێ ستووویێ بەرخى

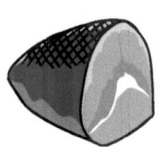

paja la mnyama

گۆشتێ هشككرى

salami

سالامى

soseji

سۆسیس

kuku

مریشک

choma

بژارتن

samaki

ماسى

oats ya uji

شۆربه بلوول

muesli

مووسلی

cornflakes

كەرتێن گڵگڵان

unga

نارد

kroisanti

جرۆسسانت

andazi

سەموون

mkate

نان

mkate wa kubanika

تۆست

biskuti

نانک

siagi

نەفێشک

maziwa mgando

ماست

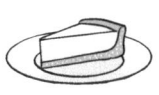

keki

كولیچه

yai

هێک

yai kukaanga

هێكا قەلاندی

jibini

پەنیر

aiskrimu

دۆندرمه

sukari

شەکر

asali

ھەنگۆ

jemu

مرەبا

kuenea kwa chokoleti

خامەیا نۆوگات

mchuzi wa viungo

کورى

nyumba ya kilimo
خانیا چۆلگا

majani bale
تەپکا پووشئ

ghalani
کادین

uwanja
زمئی

farasi
هەسپ

trela
کاروان

trekta
تراکتۆر

mtoto
جانی

punda
گەر

kondoo
بەران

mwanakondoo
بەرخ

mbuzi

بزن

ng'ombe

چێلەک

ndama

گۆلک

nguruwe

بەراز

mwananguruwe

خنزیرک

fahali

بۆخە

batabukini

قاز

bata

مرافی

kifaranga

جووچک

kuku

مریشک

jogoo

كەلەشێر

panya

جرج

paka

كتک

panya

مشک

ng'ombe

گا

mbwa

كووچک

nyumba ya mbwa

خانیا كووچكێ

bomba la bustani

خانی باخێ

debe la kumwagilia maji

قووتیکا ئاڤدانێ

fyekeo

شالووک

kulima

گاسن

shamba - جۆتگەه

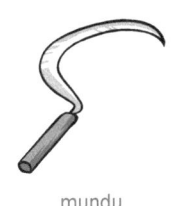

mundu

داس

jembe

مەریوێر

uma wa nyasi

دارساپک

shoka

بڕ

toroli

دەستگەرە

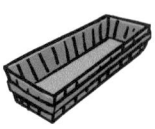

kupitia nyimbo

قووتی خوارنا جانداران

chombo cha maziwa

قووتی شیر

gunia

توور

ua

چپەر

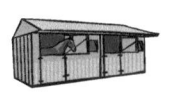

imara

ناخور

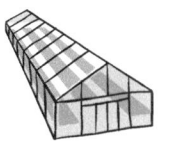

chafu

خانا کولیلکان

udongo

ناخ

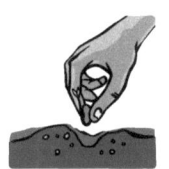

mbegu

دەندک

mbolea

پەیین

kivunaji

کۆمباین

mavuno

زاد

mavuno

زاد

viazi vikuu

پەتەتە

ngano

گەنم

soya

فاسۆلی

viazi

پەتەتە

mahindi

دەخل

rapa

دەندک

mti wa matunda

دارئ فێکی

muhogo

سیڤێئ بن ئەردئ

nafaka

زاد

chimni
کولمک

paa
بانی

bomba la maji ya mvua
بۆریا ئاۋی

dirisha
پاچە

gareji
گاراژ

kengele ya mlangoni
زمنگلئ دەری

mlango
دەری

pipa la taka
فراخئ زبلئ

sanduku la barua
قوتییا پۆستئ

bustani
باخچە

sebuleni
ئۆدا روونشتنئ

bafu
هەمام

jikoni
مەتبەخ

chumba cha kulala
ئۆدا خەوئ

chumba ya mtoto
ئۆدەیا زاروٚک

chumba cha kulia
ئۆدا شیڤئ

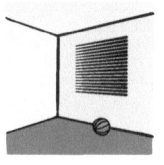

sakafu

بنی

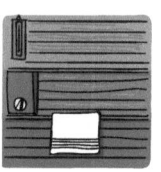

ukuta

دیوار

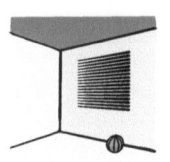

dari

بهربان

pishi

خمنزک

sauna

ساونا

roshani

بالکۆن

mtaro

بهردانک

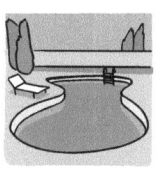

kidimbwi

هموزا مملفقانی

mashine ya kukata nyasi

چیمهن بر

karatasi

مملهمفد

kitambaa cha kupamba
kitanda

بمتانی

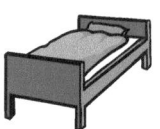

kitanda

نثۆین

ufagio

گمزک

ndoo

ساتل

kubadili

کلیل

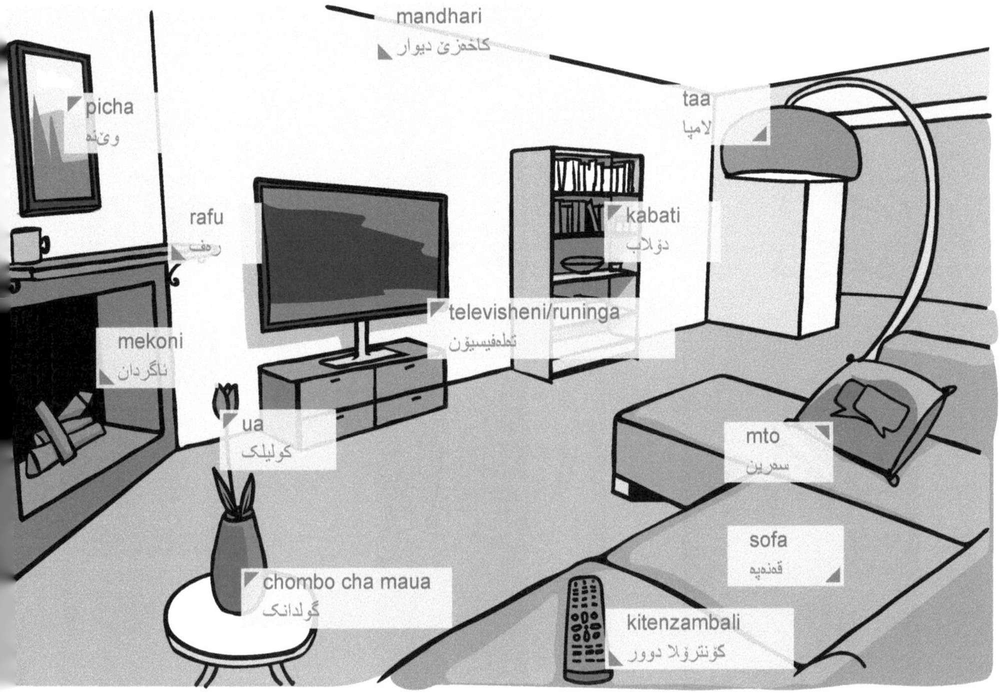

mandhari
كاخمزئ ديوار

picha
وێنه

taa
لامپا

rafu
رهف

kabati
دۆلاب

mekoni
ناگردان

televisheni/runinga
تهلهفيسيۆن

ua
گوليلک

mto
سهرين

sofa
قهنهپه

chombo cha maua
گولدانک

kitenzambali
کۆنترۆلا دوور

zulia

خاليچه

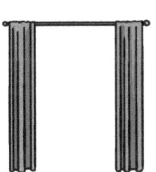

pazia

پهرده

meza

مێز

kiti

کورسی

kiti cha bembea

کورسيا ههژانوک

armchair

کورسی

kitabu

پرتووک

blanketi

بەتانی

mapambo

خەملاندن

kuni

ئێزنگ

filamu

فیلم

kifaa cha hi-fi

هـ‌ـف

ufunguo

کلیل

gazeti

رۆژنامه

uchoraji

نیگار

bango

پۆستەر

redio

رادیۆ

daftari

دەفتەر

kifyonza

سڕقێنکا ئەلەکترزیکی

dungusi kakati

کاکتووس

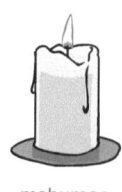

mshumaa

مۆم

jikoni
مەتبەخ

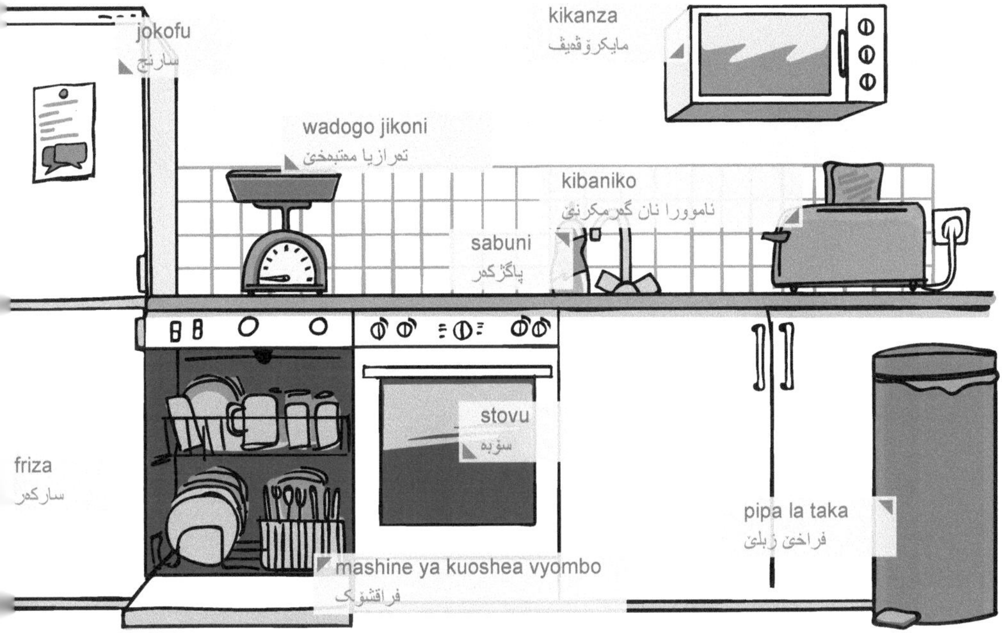

jokofu
سارنج
kikanza
مایکرۆڤەیڤ
wadogo jikoni
تەرازیا مەتبەخێ
kibaniko
ئامووڕا نان گەرمکرنێ
sabuni
پاگژکەر
stovu
سۆبە
friza
سارکەر
pipa la taka
فراخێ زبلێ
mashine ya kuoshea vyombo
فراقشۆک

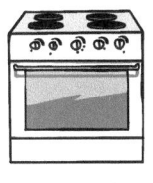

jiko la kupika
....
سۆبە

chungu
....
ئامان

sufuria ya chuma
....
ئامانێ ئووتوو

wok / kadai
....
فراقێ مەزن

kaango
....
دیزک

birika
....
کەلینک

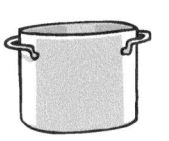

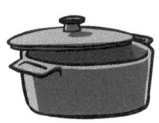

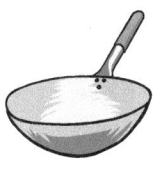

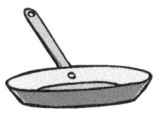

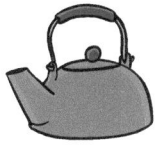

stima

فراقێ هلمئ

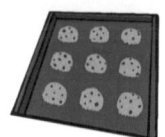

sinia ya kuoka

سینیى نانئ

vyombo vya udongo

فراق

kombe

پیاله

bakuli

کاسک

vijiti vya kulia

دارئ نانخوارن

ukawa

هەسک

mwiko mpana

کەفچیا مەزن

burashi

رینمک

kichujio

کەفگیر

chujio

بێژنگ

mbuzi

رێشکەر

chokaa

دەستار

barbeque

براشتن

moto wazi

ناگرێ قالا

ubao wa majaribio

تەختەیبا برینئ

kijiti cha kusukuma unga

داركئ تیرئ

kizibuo

دەفڤك بادەك

kopo

قووتی

inaweza kopo

قووتیڤەكر

kishikio cha chungu

جاوئ ئامانان

karo

دەستشۆ

brashi

فرچه

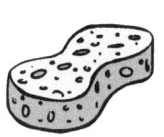

sifongo

پارازوا

kisagaji matunda

تەفڤئر

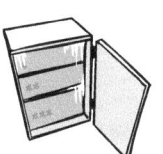

friji ya kina

سارکدرئ جەمەدی

chupa ya mtoto

شووشه بەبكان

bomba

هەدەفی

joto
گەرمژانک

mfereji wa kuogea
دووش

taulo
خاولی

pazia la kuogea
پەردەیا ھەمامیئ

maji ya kuoga yenye povu
کفئ ھەمام

hodhi
ھەوزا ھەمام

mashine ya kuosha
جلشۆک

glasi
قەدەحە

bomba
ھەنەفی

vigae
ناجوور

poti
توالەتا زارۆکان

karo
دەستشۆ

choo

توالەت

choo cha squat

توالەتا ئەردئ

beseni la mviringo

توالەت

choo cha umma

ناقەدەستخانا مێران

shashi

کاخەزا توالەت

brashi ya choo

فرشەیا توالەت

mswaki

فرچهٔ دندان

dawa ya meno

معجون دندان

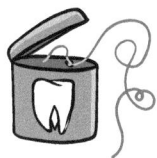

dawa ya meno

نخ دندان

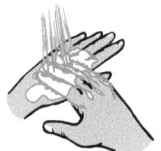

safisha

شُوشتن

kuoga mkono

دوش دستی

msukumo wa maji

دوش

bonde

دستشوُ

mpako wa pili

فرچا پشت

sabuni

سابون

jeli ya kuogea

جِلِئ حمام

shampuu

شامپو

flana

فانیله

toa maji

زِیرآب

krimu

کِرِم

kiondoa harufu

بی بو کننده

kioo

مرێک

kioo mkono

مرێکا دهستێ

kinyozi

گووزان

povu la kunyoa

کهفئ تهراشینئ

baada ya kunyoa

ممجوونا پشتی تهراشینئ

kichana

شمه

brashi

فرچه

kikausha nywele

پۆر هیشککر

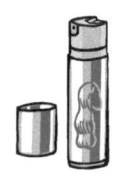

marashi ya nyewele

سپرایا پۆرئ

vipodozi

کۆزمهتیک

kidomwa

سۆرافئک

varnish ya msumari

رهنگئ نینۆک

pamba

پهمبوو

mkasi wa kucha

مهقهستا نینۆک

manukato

پارفووم

mkoba wa kuosha

چدوالئ هدمامئ

kinyesi

کورسیا بوینشت

mizani

تەرازی

nguo ya kuoga

کنجا هدمامئ

glavu za mpira

لپیکا لاستیکئ

kisodo

تامپؤن

sodo

خاولیا پاقڑکرنئ

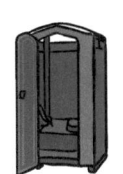

kemikali choo

توالتا کیمییوی

chumba ya mtoto

ئۆدەیا زارۆک

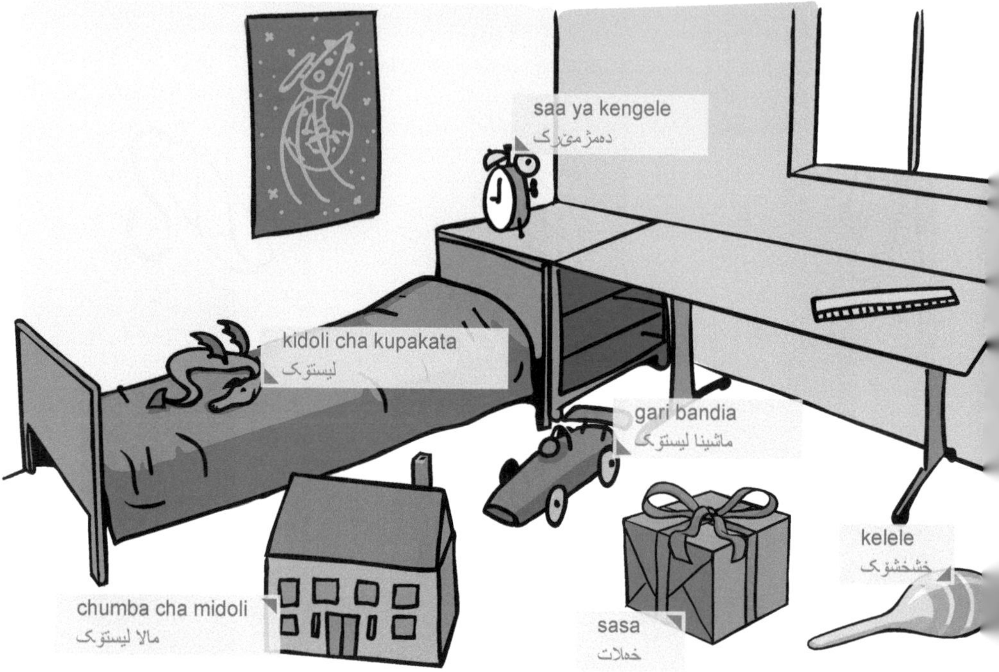

saa ya kengele
دەمژمێرک
kidoli cha kupakata
لیستۆک
gari bandia
ماشینا لیستۆک
chumba cha midoli
مالا لیستۆک
sasa
خەلات
kelele
خشخشۆک

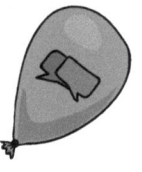

baluni
پفدانک

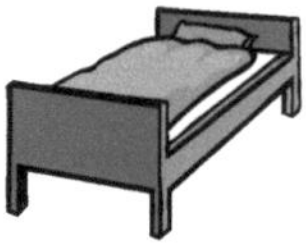

kitanda
نڤین

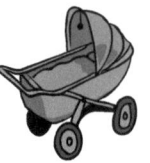

mashua
کۆچک

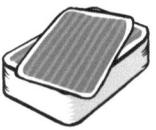

staha ya kadi
لیستکا کارتێ

mchezo-fumb
فریزبی

SUPER
MEGA

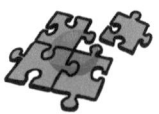

vichekesho
کۆمیک

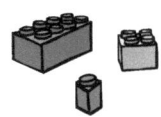

matofali lego

ناجوورا لێگۆ

vitalu mwigo

ناجوورا لیستۆک

hatua takwimu

بووکە شوشد

suti ya kulalia

کنجا بەبكان

kisahani

فرزبی

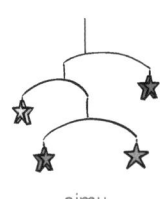

simu

قدگو هەستن

ubao wa michezo

لیستکین تەمخند

kete

مۆر

garimoshi mwigo

مۆدئلا ترێنی

dummy

مدمک

chama

جەژن

picha kitabu

کتێبا وێنە

mpira

تۆپ

kikaragosi

بووکە شوشد

kucheza

لەبیستن

shimo la mchanga

کونا خیزئ

bembea

جۆلانه

vitu bandia

لیستوکان

kiweko cha video ya mchezo

لیستکا ڤیدۆیی

baiskeli ya magurudumu

سێچدرخه

matatu

mwanasesere

هرچا لیستوک

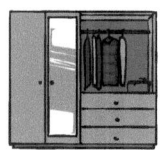

kabati

جلدانک

soksi

گۆره

stokingi

گۆره

kibano

دەرپێگۆرئ

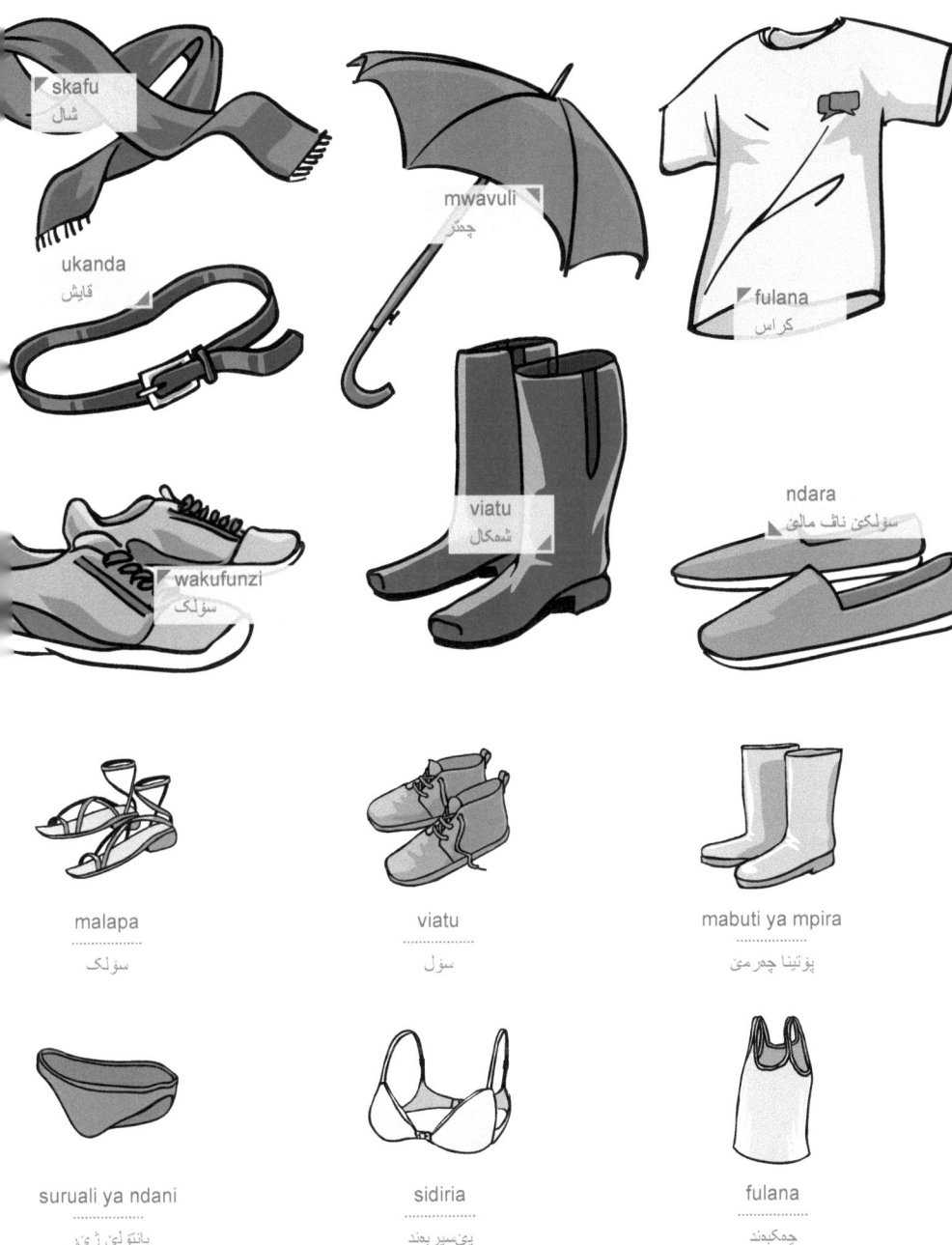

skafu
شال

mwavuli
چەتر

fulana
كراس

ukanda
قايىش

viatu
شمكال

ndara
سۆلكىن ناق مالىق

wakufunzi
سۆلك

malapa
سۆلك

viatu
سۆل

mabuti ya mpira
پۇتىنا چەرمى

suruali ya ndani
پانتولىن ژىر

sidiria
پویسىربەند

fulana
چمكبەند

mwili

جمندمک

suruali

پانتۆل

dangirizi

ژمانس

sketi

دامان

blauzi

کراس

shati

کراس

vuta

فانێڵه

sweta

فانێڵه

bleza

جاکێت

jaketi

ساکۆ

koti

چاکێت

koti la mvua

بارانی

maleba

لەباس

gauni

فیستان

mavazi ya harusi

جلێ داوەتیێ

suti

چاكيت

vazi la usiku

پیجامە

pajama

پیجامە

sari

سارى

skafu

لەچک

kilemba

مىزەر

burka

ھەرام

kaftan

كافتان

abaya

نبدا

vazi la kuogelea

كنجا ئاژنىكرن

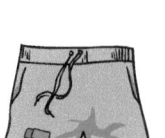

vazi la kiume la kuogelea

جلكا مەلەڤانى

kaptura

شۆرت

teitei

جلا ھەڤۇژكارى

aproni

پیشمال

glavu

لەپک

kifungo

دووگمد

glasi

کبەرچاڤک

bangili

بازن

mkufu

گەردەنی

pete

گوستیل

herini

گوهارک

kofia

دەفک

kiango cha koti

هلاقستمک

kofia

کووم

tai

کراوات

zipu

زیپ

kofia

سەرپارێز

kanda za suruali

دەرزی

sare za shule

کنجا دبستانی

sare

یوونیفۆرم

bibu

بەردلک

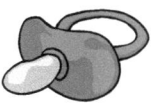

dummy

مەمک

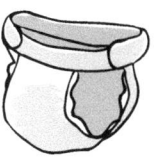

nepi

پوونداخ

seva

پێشکەشکەر

kabati la kuweka faili

دۆلابى بەلگە

kichapishaji

چاپەر

kiwambo

نیشاندەر

karatasi

کاخەز

kipanya

مشک

dawati

ماسە

folda

دەفتەر

kibodi

کلاڤیە

na kuweka karatasi chafu

سە

kiti

کورسی

kompyuta

کۆمپیوتەر

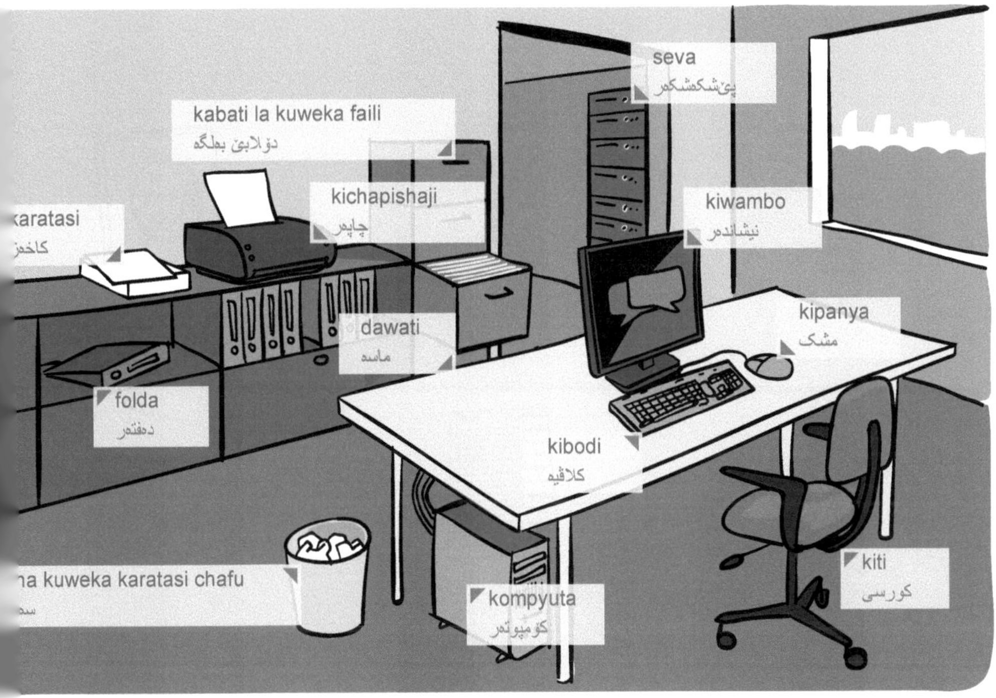

kmobe la kahawa

کاسکا قەهوه

kikokotoo

هەسابکەر

biashara

ئینتەرنەت

mbali

لاپتوپ كۆمپيوتېرا

barua

نامە

ujumbe

پەيام

rununu

مۆبيل تەلەفۆنا

intaneti

تۆر

fotokopia

ماكينا فۆتوكۆپى

programu

سۆفتوارە

simu

تەلەفۆن

soketi

فيشەك سۆككەتا

kipepesi

ماكينا فاخئ

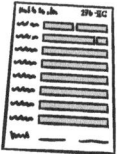

fomu

فۆرم

hati

بەلگە

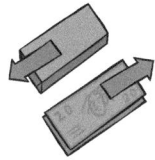

kununua

كرين

kulipa

پەرە دان

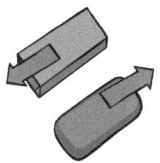

biashara

بازرگانى

fedha

پەرە

dola

دۆلار

yuro

يۇرۆ

yeni

يەنى ژاپۇنى

rouble

رۇبلى رووسى

faranga ya Uswisi

فرانكى سويسى

renminbi yuan

يۇانى چىنى

rupia

رووپى هندى

eneo la kulipia

مەكىنا ژخومبەرا دراڧ

ofisi ya ubadilishanaji

ئۆفىسا پەرە قىمگوهارتنى

dhahabu

زېر

fedha

زىڭ

mafuta

نەفت

nishati

وزه

bei

بھا

mkataba

پەيمان

kodi

تاخ

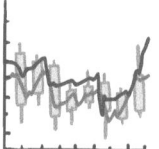

bidhaa

سەمھام

kazi

كاركرن

mfanyakazi

كاركەر

mwajiri

كاردا

kiwanda

فابرىكا

duka

دكان

afisa wa polisi
پۆلیس

mzimamoto
ناگرکوژ

rubani
فرۆکەڤان

mpishi
ناشتیار

daktari
پزیشک

mtunza bustani

باخچەڤان

seremala

نەججار

mshonaji

دروونۆڤان

hakimu

هاکم

mwanakemia

ثیمیازان

muigizaji

شانۆگەر

dereva wa basi

شوفێری باسی

dereva wa teksi

شوفێرمکی تاکسیی

mvuvi

ماسیگران

mwanamke wa kusafisha

پاگژکەر

mwezekaji

چێکری بانی

mhudumu

بەرکار

mwindaji

نێچرگان

mchoraji

رەنگرێس

mwokaji

نانپێژ

umeme

کارەبافان

mjenzi

ناڤاکەر

mhandisi

ئەندەزیار

mchinjaji

قەساب

fundi bomba

لوولەمکار

mwanaposta

پۆستەگران

mwanajeshi

نەسكەر

msanifu majengo

ميمار

keshia

دراڤگر

muuza maua

فرۆشتكارا پيچهكان

msusi

پۆرچیکەر

kondakta

ناژۆڤان

mekanika

مەكانیک

nahodha

كەشتیڤان

daktari wa meno

پزیشكا ددانان

mwanasayansi

زانستیار

rabbi

رووهان

imamu

نیمام

mtawa

كەشدە

kasisi

كەشیش

zana

ئامووران

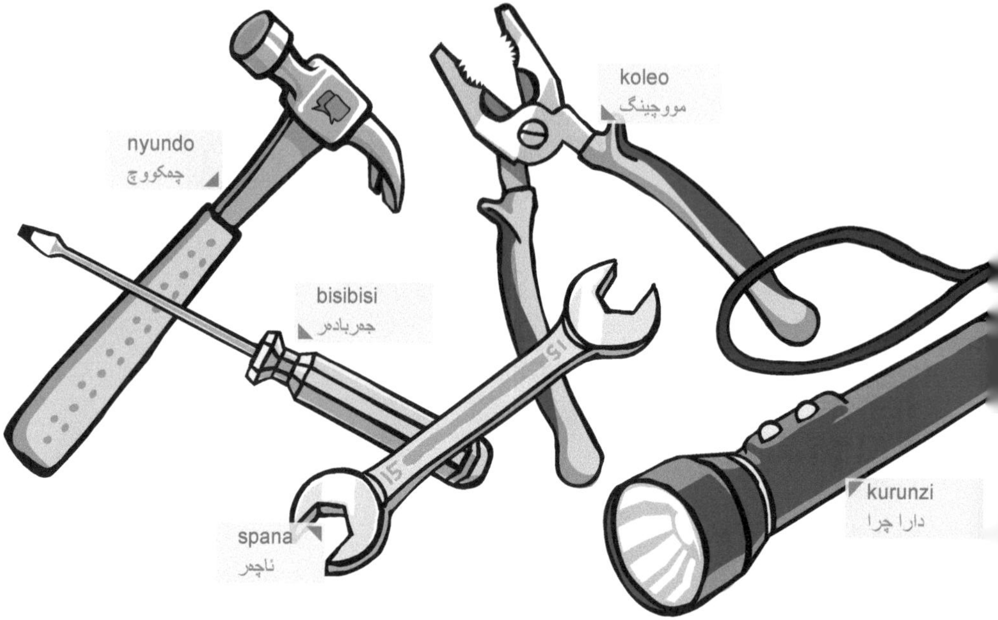

nyundo
چەکووچ
koleo
مووچینگ
bisibisi
جەربادەر
spana
ئاچەر
kurunzi
دارا چرا

mchimbaji

شۆفەل

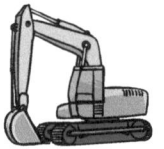

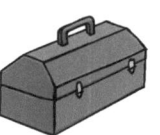

sanduku la vifaa

قووتیا ئاموورا ن

ngazi

پەیژە

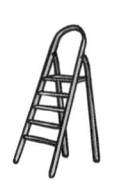

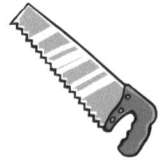

msumeno

مشار

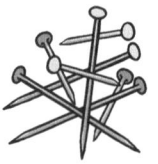

misumari

میخ

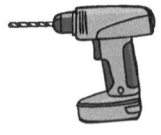

kuchimba visima

قولکرن

kukarabati

چۆنکرن

sepetu

مەربێز

Lo!

نالعتا!

kishikio cha uchafu

بێل

chungu cha rangi

قوونتیا رەنگی

skurubu

جەر

ala za muziki

ئامووریٚن مووزیکیٚ

mpangilio wa ngoma
کۆمئ دەهۆل

spika
بلیندگۆ

gita
گیتار

besi mara mbili
جۆرەیا گیتار

tarumbeta
زرنا

piano

پیانۆ

fidla

ڤیۆلین

ubeji

باس

timpani

دەمهۆل

ngoma

داهۆل

kibodi

کەیبۆرد

saksafoni

ساکسۆفۆن

filimbi

بلوور

maikrofoni

میکرۆفۆن

bustani ya wanyama

باخچا هەیوانان

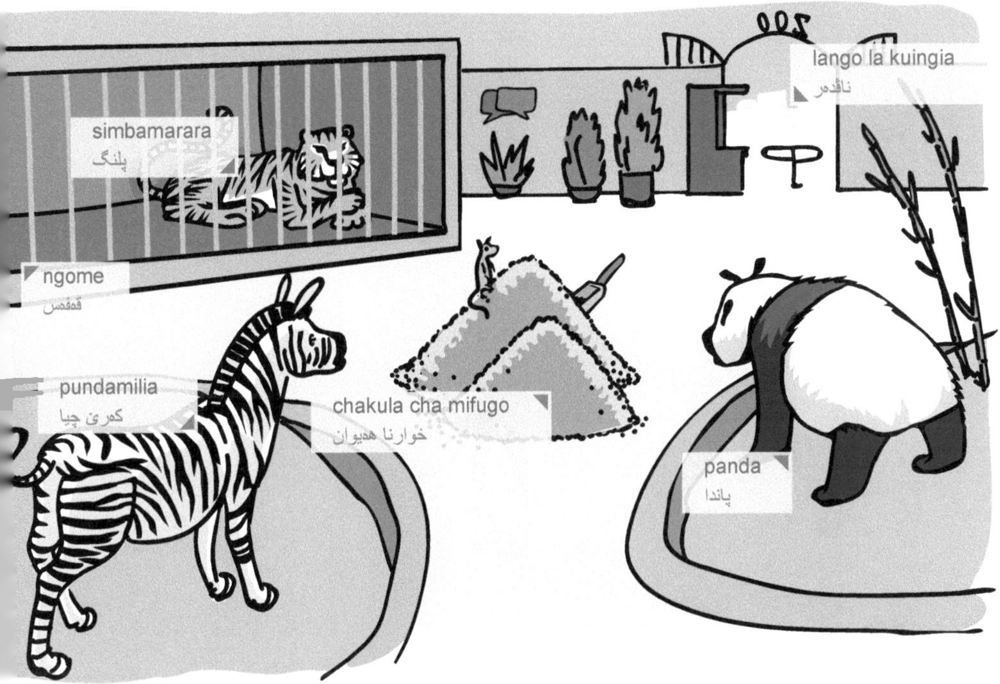

lango la kuingia
نافدەر
simbamarara
پلنگ
ngome
قەفەس
pundamilia
کەرێ چیا
chakula cha mifugo
خوارنا هەیوان
panda
پاندا

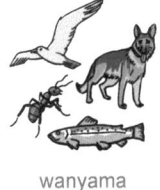

wanyama
هەیوان

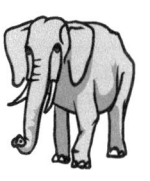

tembo
فیل

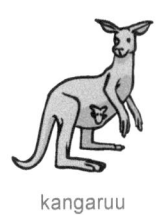

kangaruu
کانگاروو

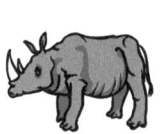

kifaru
کەرکەدەن

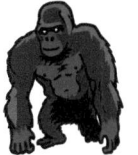

sokwe
گۆریل

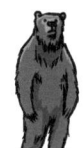

dubu
هرچ

ngamia

هيئشتر

mbuni

هيئشترمد

simba

شيئر

tumbili

مميموون

heroe

فلامينگۆ

kasuku

پاپاخان

dubu

هرچا جەدمسەرى

penguini

پەنگوين

papa

سمماسى

tausi

تاوووس

nyoka

مار

mamba

تمساھ

mtunza wanyama

پارێزەرا باخچا ناژالان

muhuri

سدیا دەریا

jaguar

پلنگ

mwanafarasi

هەسپ

chui

پلنگ

kiboko

هەسپی رووبار

twiga

جانهوٚشتر

tai

هەلۆ

nguruwe mwitu

بەرازی کوٚڤی

samaki

ماسی

kobe

کووسی

sili

والراس

mbweha

رۆڤی

paa

خەزال

soka ya marekani
فووتبۆلئ نامېرىكا

uendeshaji baiskeli
بىسكلېتتان

tenisi
تونىس

mpira wa kikapu
باسكېتبۆل

kuogelea
ناۋرمنىكرن

ndondi
بۆخنگ

magongo ya barafun
هۆككېيا سەر جەمەدى

soka
فووتبۆل

vinyoya
بادمىنتون

riadha
يئ ناتلەتىزمئ

mpira wa mikono
هەندبۆل

skii
بەفراژۆتن

polo
پۆلۆ

kuruka
هليپدكه

cheka
کمنین

kumbatia
همبیدز

kutembea
بریقمچوون

kuimba
لاوژه گوتن

ota ndoto
خدون دیتن

kuomba
نمیژ کرن

busu
ماچکرن

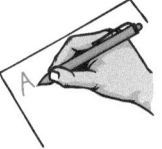

kuandika

نڤیساندن

kuteka

نیگار کئشان

angalia

نیشان دان

sukuma

پالدان

kutoa

دایین

kuchukua

راکرن

kuwa

همبین

fanya

کرن

kuwa

بروون

kusimama

سمکنین

kukimbia

بازدان

vuta

کشاندن

kutupa

ناڤئتن

kuanguka

کمتن

hadaa

دمرمو کرن

kusubiri

سمکنین

kubeba

گوهئزتن

kukaa

روونشتن

vaa nguo

جل بیرکرن

usingizi

رازان

kuamka

رابوون

64

kuangalia

مۆزە کرن

lia

گرین

kiharusi

چەلتە

chana nywele

شه‌ کرن

ongea

پەيڤين

kuelewa

فامکرن

kuuliza

پرسکرن

kusikiliza

بهیستن

kunywa

ڤەخوارن

kula

خوارن

nadhifisha

کوم کرن

upendo

هەزکرن

mpishi

خوارن چێکرن

gari

ئاژۆتن

kuruka

فرین

meli

كمشتيقانى

kokotoa

همسباندن

kusoma

خواندن

kujifunza

هينبوون

kazi

كاركرن

kuoa

زموجين

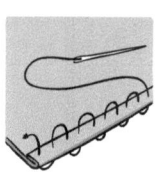

kushona

درووتن

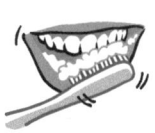

piga mswaki

ددان شووتن

kuua

كوشتن

moshi

دووخان

kutuma

شاندن

bibi
دادپیر

babu
باپیر

baba
باپ

mama
دی

mtoto
ماشوم

binti
لور

bin
زوی

mgeni

میلمه

shangazi

ترور

mjomba

ماما/خال

kaka

ورور

dada

خور

mwili

بەدەن

paji la uso
ئەنی
jicho
چاڤ
uso
روو
kidevu
زەنی
kidole
تلی
mkono
دەست
matiti
سینگ
mkono
پیل
bega
مل
mguu
لنگ

mtoto

بەبەک

mwanamume

مێر

mwanamke

ژن

msichana

کەچ

mvulana

کوڕ

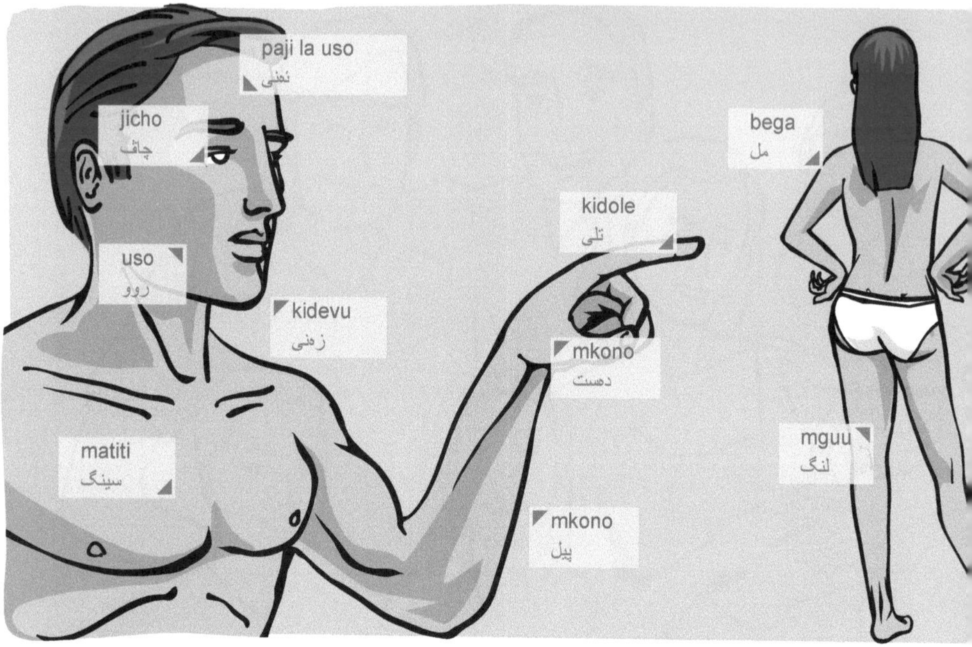

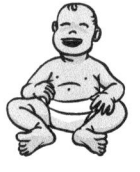

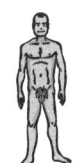

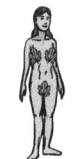

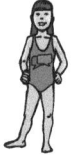

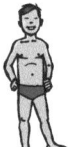

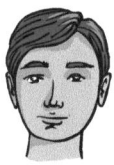

kichwa

سەر

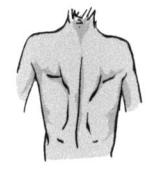

nyuma

پشت

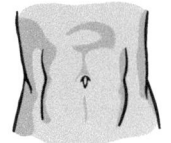

tumbo

زک

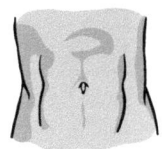

kitovu

کناف

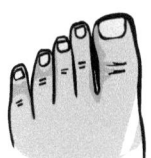

chano

پی لیلیا ت

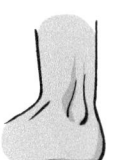

kisigino

پانی

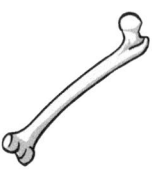

mfupa

هستی

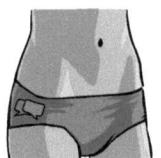

nyonga

کوولیمدک

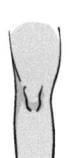

goti

ژوونی

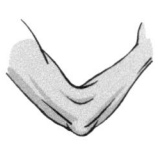

kiwiko

نمنیشک

pua

دفن

chini

قوون

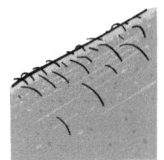

ngozi

چرم

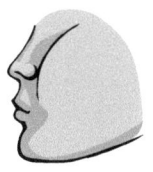

shavu

روو

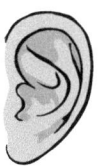

sikio

گروه

mdomo

لیڤ

kinywa

دهف

jino

دران

ulimi

زمان

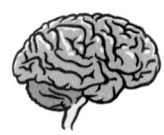

ubongo

مێژی

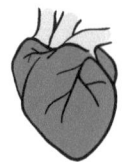

moyo

دل

misuli

ماسوول

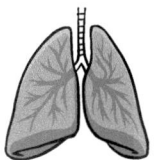

pafu

جیگهرا سپی

ini

جگهر

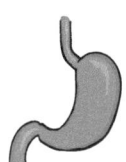

tumbo

ماده

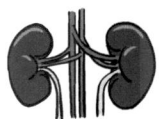

figo

گوورچکان

jinsia

جۆتبوون

kondomu

کۆندۆم

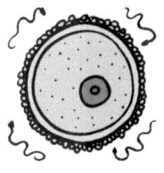

ovari

هێک

shahawa

تۆف

mimba

دووجانی

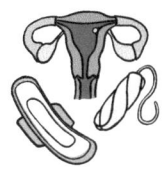

hedhi

ناده

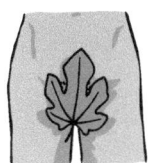

uke

قووز

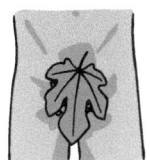

uume

كير

unyusi

بروو

nywele

پۆر

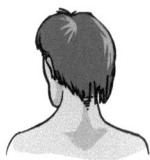

shingo

هووسټوو

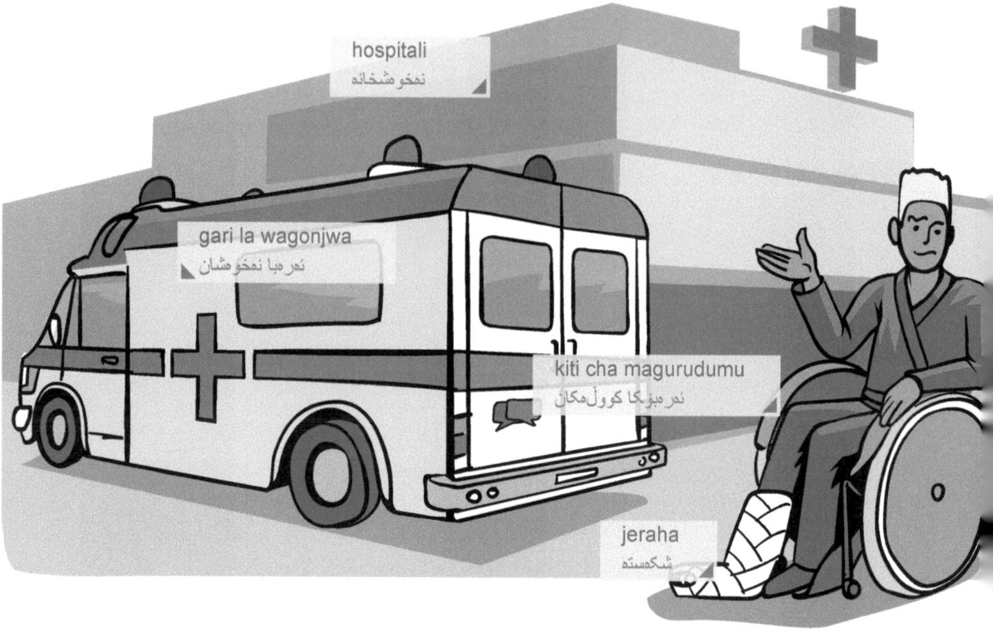

hospitali
نەخوەشخانە

hospitali
نەخوەشخانە
gari la wagonjwa
ئەرەبا نەخوەشان
kiti cha magurudumu
ئەرەبۆکا کووڵەکان
jeraha
شکەستە

daktari
....
بژیشک

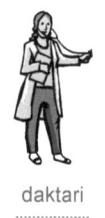

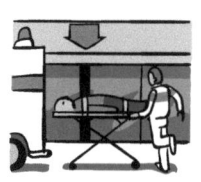

chumba cha dharura
....
ئۆدا لەزگینێ

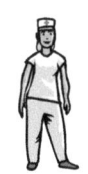

muuguzi
....
نەخوەشیار

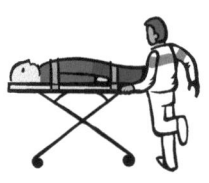

dharura
....
ئاجیلییەت

kupoteza fahamu
....
بێهای

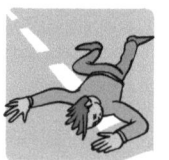

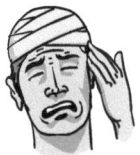

maumivu
....
ئێش

kuumia

برين

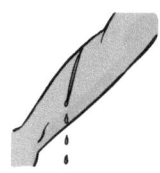

kutokwa na damu

خوێنپژان

mshtuko wa moyo

هێرشا دلى

kiharusi

جەڵتە

mzio

ئالەرژى

kikohozi

كوخك

homa

تا

mafua

زكام

kuharisha

ناڤچووين

maumivu ya kichwa

سەرئێش

kansa

قانسێر

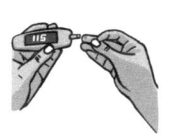

ugonjwa wa kisukari

نەخوشيا شەكرى

daktari mpasuaji

ئەمەليكار

kisu kidogo cha kupasulia

سكالپێل

operesheni

ئەمەلى

picha changanufu ya mwili

جت

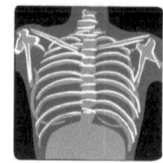

Eksrei

سوورەتی رۆنتگێن

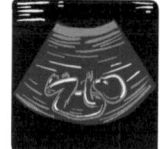

mawimbi sauti

ئوولتراساوند

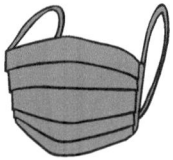

barakoa ya uso

ماسکی رووێن

ugonjwa

نەخۆشی

chumba cha kusubiri

ئۆدا سەمکینی

mkongojo

گۆچان

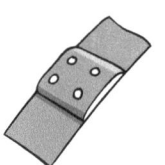

plasta

شێل

bendeji

پاچی بریندی‌چانی

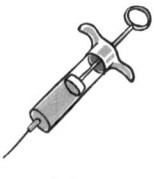

sindano

دەرزی

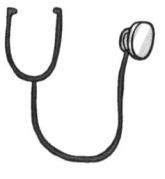

stetoskopu

بیستۆکا پزیشکی

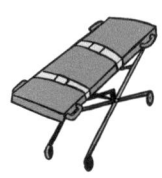

machela

داریەست

kipimajoto cha kliniki

تیهنیپفا کلینیکی

kuzaliwa

زابین

unene kupita kiasi

قەللەو

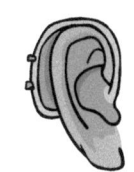

kusikia misaada

ناليكاريا بهيستنى

kipukusi

باكتريكوژ

maambukizi

كۆتیبوون

virusi

ڤیرووس

VVU / UKIMWI

هڤ / نادس

dawa

دەرمان

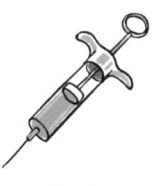

chanjo

كوتان

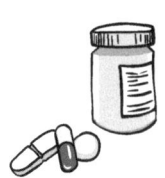

vidonge

هدبان

kidonge

هب

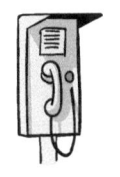

simu ya dharura

لەزگين

haemodainamometa

ديمەندەرى پەستۆ خوين

mgonjwa / mwenye afya

نەخوەش / ساخ

Msaada!

هاوار!

kengele

مارلان

pigo

شىرىدنئ

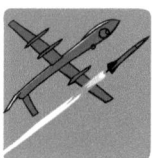

shambulizi

ئىرىشكرن

hatari

كولاوت

lango la dharura

دەرگەتنا ناجلى

Moto!

ناگر!

kizima moto

ناگر قەمراندنئ

ajali

قەزا

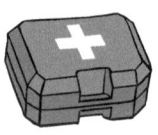

vifaa vya huduma ya kwanza

مەكمى يەكاريا ناليكتىنن

wito wa msaada

سۆس

polisi

پۆليس

Ulaya

ئەوروپا

Amerika ya Kaskazini

ئامەریکایا باکوور

Amerika ya Kusini

ئامەریکایا باشوور

Afrika

ئافریکا

Asia

ئاسیا

Australia

ئاووسترالیا

Atlantiki

ئاتلانتیک

Pasifiki

ئۆكیانووسا مەزن

Bahari ya Hindi

ئۆكیانووسا هندی

Bahari ya Antaktiki

ئۆكیانووسا ئانتارکتیکا

Bahari ya Aktiki

ئۆكیانووسا نارکتیک

Ncha ya Kaskazini

جەمسەرا باکوور

Ncha ya Kusini

جەمسەرا باشوور

Antaktika

ئانتاركتیكا

dunia

ئەرد

nchi

خاك

bahari

بەھر

kisiwa

دوورگە

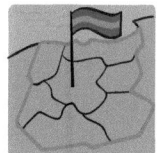

taifa

مىللەت

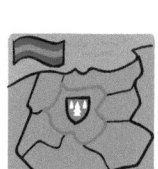

jimbo

ۋەلات

uso wa saa

رووى ساهت

akrabu ya saa

نشاندهركا دهمژمهئر

akrabu ya dakika

نشاندهركا دهقه

akrabu ya sekunde

نشاندهركا سانيه

Ni saa ngapi?

سهئت چهنده؟

siku

رۆژ

wakati

دهم

sasa

نها

saa ya dijitali

ساهتئ دجيتال

dakika

دهقد

saa

سهئت

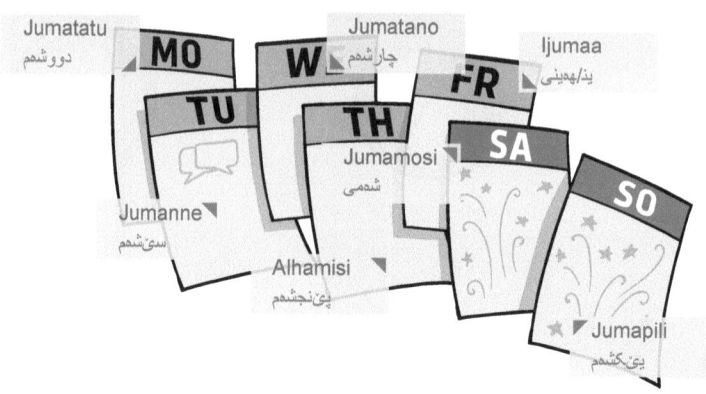

Jumatatu
دووشەم

Jumatano
چارشەم

Ijumaa
یەڕ/هەینی

MO
W
TU
TH
FR
SA
SO

Jumamosi
شەمی

Jumanne
سێشەم

Alhamisi
پێنجشەم

Jumapili
یەکشەم

jana

دوه

leo

نیرۆ

kesho

سبەی

asubuhi

سبە

saa sita mchana

نیۆڕۆ

jioni

نێوقار

MO	TU	WE	TH	FR	SA	SU
1	2	3	4	5	6	7
8	9	10	11	12	13	14
15	16	17	18	19	20	21
22	23	24	25	26	27	28
29	30	31	1	2	3	4

siku za biashara

رۆژێن کارئ

MO	TU	WE	TH	FR	SA	SU
1	2	3	4	5	6	7
8	9	10	11	12	13	14
15	16	17	18	19	20	21
22	23	24	25	26	27	28
29	30	31	1	2	3	4

mwishoni mwa wiki

داویا هەفتە

mwaka

سال

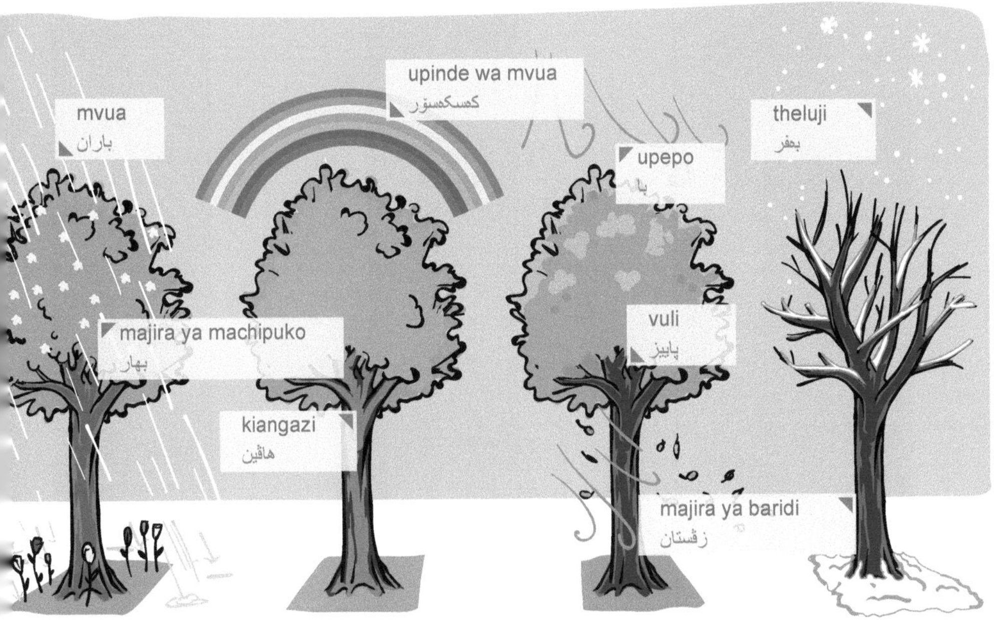
upinde wa mvua
کەسکەسۆر
mvua
باران
theluji
بەفر
upepo
با
majira ya machipuko
بهار
vuli
پاییز
kiangazi
هاڤین
majira ya baridi
زڤستان

4.APRIL 11°
5.APRIL 4°
6.APRIL 13°
7.APRIL 8°
8.APRIL 10°

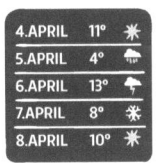

abiri wa hali ya hewa

پێشبینیا هەوا

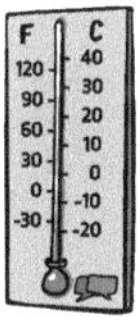
F C
120 40
90 30
60 20
30 10
0 0
-30 -10
-20

kipimajoto

تەهنپیڤ

mwanga wa jua

تاڤ

wingu

هەور

ukungu

مژ

unyevu

هێمی

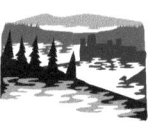

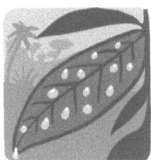

umeme

برق

radi

بروسک

dhoruba

توفان

mvua ya mawe

تەرگ

monsuni

مانسوون

mafuriko

لەهی

barafu

جەمەد

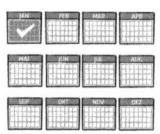

Januari

ڕێبەندان

Februari

رەشەمە

Machi

نەورۆز

Aprili

گولان

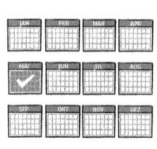

Mei

جۆزەردان

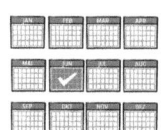

Juni

پووشپەر

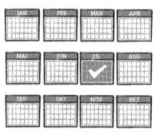

Julai

گەلاوێژ

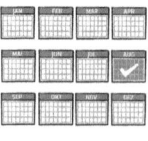

Agosti

خەرمانان

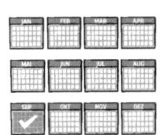

Septemba

ر ەزبەر

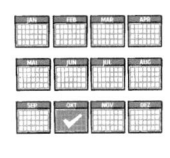

Oktoba

كۆچۆز

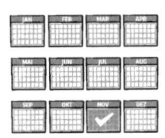

Novemba

سەرماوەز

Desemba

بەفرانبار

maumbo

شێوە

mduara

چەمبەر

mraba

چارچک

mstatili

چارقۆزی

pembetatu

سێقۆزی

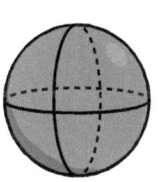

nyanja

قادا

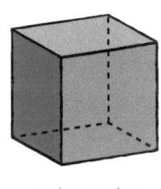

mchemraba

خشتەک

nyeupe

سپی

manjano

زەرد

chungwa

پرتەقالی

rangi ya waridi

پەمبە

nyekundu

سۆر

hudhurungi

مۆر

bluu

شین

kijani

کەسک

hanja

قەهوەیی

jivujivu

گەور

nyeusi

رەش

mengi / kidogo

زۆر / کەم

hasira / pole

بهخێراسرس / بیدهنگ

nzuri / mbaya

بهدهو / نهرند

mwanzo / mwisho

دهستپیک / داوی

kubwa / ndogo

مهزن / بچووک

angavu / giza

رۆنی / تاری

kaka / dada

براک / خوشک

safi / chafu

پاگژ / گرێژ

kamilika / tokamilika

تهفی / نهتهمام

siku / usiku

رۆژ / شهڤ

wafu / hai

مری / زندی

pana / nyembamba

فره / تهنگ

kulika / kutolika

خومش / نمخومش

ovu / ema

نمباش / باش

sisimkwa / udhika

ب هميمجان / ناجز

nene / nyembamba

قلمو / زراڤ

kwanza / mwisho

يمكمين / داوين

rafiki / adui

همڤال / دژمن

jaa / tupu

تژی / ڤالا

ngumu / laini

رمق / نرم

nzito / nyepesi

گران / سڤک

njaa / kiu

برچی / تينی

mgonjwa / mwenye afya

نمخومش / ساخ

haramu / kisheria

نمقانوونی / قانوونی

akili / kijinga

رموشمنبير / بالولڤه

kushoto / kulia

چپ / راست

karibu / mbali

نيزی / دوور

mpya / kutumika

نو / بکارهاتی

kitu / jambo

هیچ / نشتنک

zee / changa

کال / جوان

waka / zima

ل / ژ

wazi / fungwa

فمکری / گرتی

utulivu / kelele

نارام / دهنگلنند

tajiri / masikini

دولهمند / رهبن

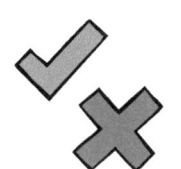

sahihi / kosa

راست / شاش

mbaya / laini

در / هلوو

huzunika / furahia

خدمگین / شا

fupi /ndefu

کورت / درێژ

polepole / haraka

هێدی / زوو

nyevu / kavu

شل / زوا

joto / baridi

گرم / هێنک

vita / amani

شهڕ / ناشتی

0	**1**	**2**
sufuri	moja	mbili
سفر	یمک	دوو
3	**4**	**5**
tatu	nne	tano
سێ	چار	پێنج
6	**7**	**8**
sita	saba	nane
شەش	هەفت	هەشت
9	**10**	**11**
tisa	kumi	kumi na moja
نۆ	دە	یازدە

12

kumi na mbili

دوازده

13

kumi na tatu

سیزده

14

kumi na nne

چارده

15

kumi na tano

پازده

16

kumi na sita

شازده

17

kumi na saba

هفده

18

kumi na nane

هژده

19

kumi na tisa

نوزده

20

ishirini

بیست

100

mia

صد

1.000

elfu

هزار

1.000.000

milioni

ملیون

Kiingereza

نینگلیزی

Kiingereza cha Marekani

ننگلیزیا نامەریكی

Kimandarini cha Uchina

چینی ماندارین

Kihindi

هیندی

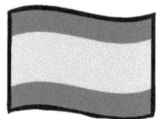

Kihispania

ئیسپانیۆلی

Kifaransa

فرەنسی

Kiarabu

ئەرەبی

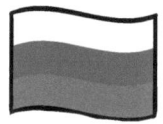

Kirusi

رووسی

Kireno

پۆرتوگالی

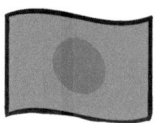

Kibengali

بەنگالی

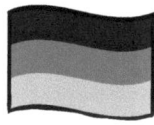

Kijerumani

ئەلمانی

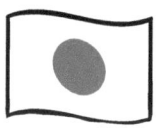

Kijapani

ژاپۆنی

mimi

من

wewe

تو

yeye / yeye / ni

ندو / نفُ / ندو

sisi

ندم

wewe

تو

wao

ندو

nani?

کی؟

nini?

چ؟

jinsi gani?

چاوا؟

wapi?

کیدہریٰ؟

lini?

کنگی؟

jina

ناف

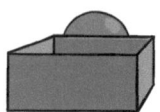

nyuma

پښتی

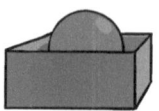

katika

mbele ya

پوښتی

juu ya

سهر

kwenye

سهر

chini ya

بن

kando

کئ,لمک

kati

ناقیهر

mahali

جه